基于计算思维的编程教学

以迷宫游戏为例

主　编　崔东伟
副主编　胡秋萍　王　戈
编　委　王　宇　尚　凯　王　超　王　娟
　　　　王丽萍　张进宝　张甜甜　孔　力

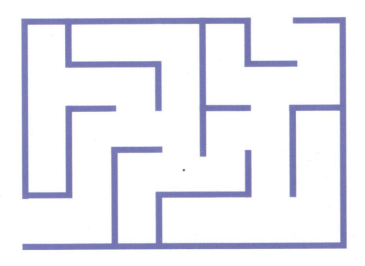

中国科学技术大学出版社

内 容 简 介

本书通过对程序设计的基本步骤进行分析,根据迷宫游戏的不同规则画出流程图,然后通过图形化编程的脚本实现功能,培养学生利用计算机程序分析问题、解决问题从而进行创意设计的能力,这正是培养学生计算思维的根本目的。

本书可供中学信息技术教师进行图形化编程程序设计教学时参考,主要读者对象为初中学生,适合编程基础薄弱的学生学习编程时使用,为信息技术学科实施计算思维培养的课堂教学提供支撑材料。

图书在版编目(CIP)数据

基于计算思维的编程教学:以迷宫游戏为例/崔东伟主编. —合肥:中国科学技术大学出版社,2021.1(2021.7重印)

ISBN 978-7-312-05135-7

Ⅰ. 基… Ⅱ. 崔… Ⅲ. 程序设计—教学研究—初中 Ⅳ. G633.672

中国版本图书馆 CIP 数据核字(2020)第 265052 号

基于计算思维的编程教学:以迷宫游戏为例
JIYU JISUAN SIWEI DE BIANCHENG JIAOXUE: YI MIGONG YOUXI WEI LI

出版	中国科学技术大学出版社 安徽省合肥市金寨路96号,230026 http://press.ustc.edu.cn https://zgkxjsdxcbs.tmall.com
印刷	广东虎彩云印刷有限公司
发行	中国科学技术大学出版社
经销	全国新华书店
开本	710 mm×1000 mm　1/16
印张	5.75
字数	106 千
版次	2021 年 1 月第 1 版
印次	2021 年 7 月第 2 次印刷
定价	29.00 元

前 言

新一轮基础教育课程改革将我国基础教育的总目标落实到"学生发展关键能力"上,具体到各个学科,又细化为学科核心素养。高中信息技术学科的核心素养包括"信息意识""计算思维""数字化学习与创新"和"信息社会责任"四个方面。计算思维成为信息技术学科课程的理论基础及核心内在价值,它反映了学科的核心性和稳定性,同时提升了信息科学的不可替代性。但国内外对计算思维的研究仍然处于理论研究和实践的初步探索阶段,还缺乏一些具体的支持性实践成果。

随着信息技术的迅速发展,信息技术学科的教学内容也在不断更新。基于此,北京市朝阳区初中信息技术学科组开发了丰富多彩的信息技术学科校本选修课程,如虚拟机器人设计与实践、网络信息搜索、信息安全实践等等;将地方教材中没有收录的一些知识和技能列入校本课程,促使学生掌握更多的信息技术相关知识和技能,从而为其在高中阶段全面提升信息素养打下基础。

图形化编程软件未出现之前,开设程序设计课程的学校采用的程序设计语言大多是 VB、C++等,这些语言都有着严格的语法规范,学生在程序设计课程中,一方面要努力熟悉算法抽象、程序控制等一些全新的概念,另一方面会遇到很多语法错误,必须要学习如何调试程序,这成为程序设计教学无法逾越的难点之一。这种现象直到图形化编程语言开始走入中小学课堂的视野,才大有改观。和其他的常用语言相比较,其中引人注目的变化就是图形化编程语言通过图形模块的拼接来实现程序设计,避免了文本编程必须要遵守一系列非常复杂的语法规则的麻烦,使初学者能够快速地掌握,而且它制作的成果多以动画、游戏为主,能够激发学生的兴趣,使其主动投身其中。

图形化编程对学生的电脑基础没有太高的要求，只要学生愿意动手，就都可以在这里找到创作的乐趣。教师提出一个来源于生活中的学习事件，如故事、游戏、音乐、艺术等，让学生独立思考并分析如何用图形化编程语言实现自己的想法。这种搭积木式的编程方式非常符合学生的思维习惯，只要愿意动脑、动手，短时间内完成一件有趣的创意作品并不是什么难事，而且会为初高中阶段后续的程序设计思想的学习打下非常好的基础。

图形化编程教学虽在国内开展得如火如荼，各种教材也纷纷出现，但是具体的实践性研究能够支撑计算思维理念的很少，多数是沿袭了软件教学的思维习惯，案例设置较为零散，教材体例呈现方式未能体现培养计算思维的目标。本书借助图形化编程学习平台，以计算思维的培养为目标，进行教学实践和研究，最终开发出一套以迷宫游戏制作为主线、以培养计算思维为核心的适合初中学生的图形化编程程序设计教学体系，为信息技术学科实施计算思维培养的课堂教学提供支撑材料。

由于作者经验不足，书中难免有不足之处，衷心希望广大读者批评指正。如需获得本书素材或有其他疑问，请发邮件至 77107530@qq.com 与作者联系。

崔东伟

2020 年 9 月

目　　录

前言 /i

第 1 章　计算思维启蒙/001

1.1　什么是计算思维/001

1.2　程序设计与计算思维/003

第 2 章　程序设计基础/005

2.1　图形化编程软件介绍/007

2.2　顺序结构/011

2.3　循环结构/015

2.4　选择结构/018

第 3 章　迷宫游戏制作与体验/022

3.1　迷宫游戏初体验/022

3.2　遇到困难/027

3.3　关卡设计/032

3.4　趣味迷宫/036

第 4 章 创意迷宫 /043

4.1 创意迷宫之火灾演练 /043

4.2 视频侦测之体感遥控 /049

4.3 图形化编程与硬件应用 /054

第 5 章 计算思维活动体验 /067

5.1 计算思维能力水平测试题 /067

5.2 北京大学学习科学实验室计算思维测评 /078

结语 基于计算思维的图形化编程教学 /080

附录 2020—2021 学年面向中小学生的全国性竞赛活动名单 /082

第 1 章　计算思维启蒙

1.1　什么是计算思维

我们身处数字时代,拥有许多操作简易、功能强大的科技工具,得以帮忙解决问题、提升满足感与创造价值。计算思维是在这个时代解决问题的思考方式之一。它不只涉及计算机及其应用,而且在我们面对问题、规划采取哪些步骤的同时,心中有着"算计":有什么计算机工具、运作原理或综合运用来有效地协助解决问题。

计算思维(CT：Computational Thinking)是指运用计算机科学的基础概念去求解问题、设计系统和理解人类的行为。运用计算方法和模型使我们敢于去处理那些原本无法由任何个人独自完成的问题求解和系统设计。它包括涵盖计算机科学之广度的一系列思维活动。当我们必须求解一个特定的问题时,首先会问:解决这个问题有多困难？怎样才是最佳的解决方法？计算思维利用启发式推理来寻求解答,在不确定情况下规划、学习和调度。

计算思维是一个有着诸多特点和要求的解决问题的过程。计算思维不但对于计算机应用的发展非常重要,而且也可以用于所有学科的问题解决,包括人文、数学和科学等。学生在完成计算思维的课程后,不但能够了解各学科之间的关联,同时也能够体会课外生活与课堂内知识之间的联系。

计算思维是一种解决问题的方式。谷歌计算思维课程中定义了计算思维的基本要素,包含以下四个方面:

- 分解:把数据、过程或问题分解成更小的、易于管理或解决的部分;
- 模式识别:观察数据的模式、趋势和规律;
- 抽象:识别模式形成背后的一般原理;
- 算法开发:为解决某一类问题撰写一系列详细的指令。

在下面的表格"计算思维在学科领域中的应用"中,左列是计算思维涉及的技能或概念,右列是这些技能或概念在文学、经济、烹饪艺术和音乐等领域中的应用。就本质来说,计算思维是计算机科学家的基本技能和思维方式。然而也可以将它应用在某一学科领域或主题中,甚至是任何学科领域或主题。并且,也可以在设计流程或算法以解决问题的过程中,随时应用这些思维技巧。

计算思维涉及的技能或概念	在学科领域中的应用
把问题分解为若干部分或步骤	文学:通过对韵律、韵文、意象、结构、语气、措词与含义的分析来分析诗歌
识别并发现模式或趋势	经济:寻找国家经济增长和下降的循环模式
开发解决问题或任务步骤的指令	烹饪艺术:撰写供他人使用的菜谱
	数学:找出二阶多项式分解法则
把模式和趋势归纳至规则、原理或见解中	化学:找出化学键(类型)及(分子间)相互作用的规律

注:本表来源于谷歌计算思维课程。

编程其实是一种很好的观察问题解决方式的途径。乔布斯提到,每个人都应该学习编程,促进自己思考。然而计算思维并不囿于使用某一种编程语言。计算思维教育不仅仅是编程教育,其关注的是利用信息技术解决问题的能力,强调学生信息化认知方式的发展,强调在真实体验与实践应用中发展学生利用信息技术思考与解决问题的独特能力。

从学科本身视角来看,中小学信息技术学科需要学科思维。学生从信息技术学科中获得的不仅是信息技术的相关知识与操作技能,更应该是一种独特思考和解决问题的方式(计算思维),它允许学生以更深的方式来理解数字世界,就像物理学科是为了使学生更好地理解物理世界,生物学科是为了使学生更好地理解生物世界。中小学信息技术教育的核心目标是培养学生适应个人终身发展与社会发展的人格品质与关键能力,其中最主要的是培养学生面对复杂情境利用信息技术解决问题的能力（包括创新思维与创新精神、社会责任感）。

1.2　程序设计与计算思维

美国计算机科学家周以真（卡内基-梅隆大学教授）认为，计算思维是运用计算机科学的基本概念进行问题求解、系统设计以及人类行为理解的涵盖计算机科学之广度的一系列思维活动。计算思维的本质是抽象和自动化，如同所有人都具备"读、写、算"能力一样，计算思维是必须具备的思维能力（主要包含抽象、分解、算法思想、评价等核心概念）。而程序设计主要是基于语言级的问题求解，相比抽象级和系统级层次的问题求解，从抽象程度和理解难度上讲，学习语言级的问题求解方法是最适宜、最容易理解计算思维的。

程序设计是给出解决特定问题程序的过程，是软件构造活动中的重要组成部分。程序设计往往以某种程序设计语言为工具，给出这种语言下的程序。程序设计是培养计算思维能力的重要内容，学习程序设计方法是理解计算思维、培养计算思维能力的最好的途径和方法之一。程序设计过程应当包括分析、设计、编码、测试、排错等不同阶段。专业的程序设计人员常被称为程序员。一般情况下，程序设计的基本步骤包括：

第①步：分析问题；
第②步：画出流程图；
第③步：编写程序；
第④步：测试和调试程序。

下面以迷宫游戏的角色移动为例，根据程序设计的基本步骤进行初步分析（自然语言、流程图、程序语言），如下页表所示。

对迷宫任务来说，规则就是角色从迷宫入口出发，到达迷宫的某处位置，即为完成任务。首先，当键盘上的"上""下""左""右"键被按下时，向各方向移动；然后根据规则，画出流程图；接着按照流程图进行程序编写，实现角色移动功能。

完成游戏角色的移动后，我们可以增加游戏规则，如：角色碰到迷宫墙壁，将被遣返到迷宫入口；增加行走迷宫的难度，添加怪兽角色；设置不同关卡，难度递增；等等。利用程序设计的基本步骤进行分析，根据迷宫游戏的不同规则画出流程图，然后通过图形化编程的脚本实现功能，培养学生利用计算机程序分析问题、解决问题从而进行创意设计的能力,这正是培养计算思维的根本目的。

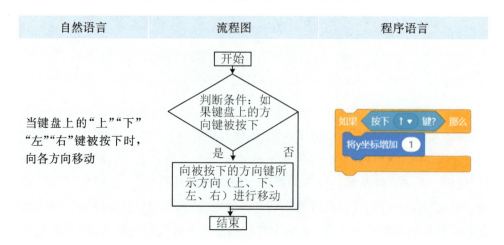

计算思维与编程

  2006年"计算思维"概念诞生,帮助计算机科学走出了纯粹工具的窠臼,走向对自身思想方法的重新认识。计算机科学家认识到:计算思维是计算机科学的本质,是计算机学科的终极灵魂,是支持其他学科发展的思维工具和方法,还是人们赖以生存的基本思维方式之一。这种认识也对基础教育之信息技术教育的变革产生了积极的影响,此时此刻我们要思考:信息技术教育(课程)应该如何在计算思维的引领下重新得以塑造?如何使自身具有更加充实丰富的思想内涵?在对信息技术教育(课程)进行整体思考之前,与计算思维最直接相关的部分,就是关于程序设计及其应用的部分。

  图形化编程工具为我们在义务教育阶段开展程序设计的教学提供了极大的便利。它借助积木式编程的思想,降低了程序设计的认知门槛:其流程形象较之众所周知的流程图更贴近儿童的认知水平;其积木拼图模式使得编程过程不会出现语法错误;积木的搭建包含了流程逻辑,这使得流程逻辑可视化、形象化,也能减少逻辑错误。

第 2 章　程序设计基础

在生活和学习中,我们会遇到很多问题,需要开动脑筋,找到一个正确和高效的办法来解决。同样,一个程序能否高效率地解决问题,其关键不在于程序语句的编写技巧,而在于找到解决问题的思路与方法。

如果程序员想让计算机执行并完成某个任务,需要给计算机一组指令,计算机接到指令后按照程序员的要求完成工作。程序在计算机中就是程序员编写的一组让计算机执行的指令。

提到程序设计,你最先想到什么？IT(Internet Technology,互联网技术)专业人员？看不懂的长篇代码？

```
#include <iostream>
int main()
{
    std::cout << "Hello, World" >> std::endl;
    system("pause");
    return 0;
}
```

程序代码

作为现代网络原住民的新一代,能熟练地使用浏览器和应用软件、玩游戏、实时交流,但大部分人只是数字媒体的使用者,能成为设计者的人很少。利用计算机进行创作,是信息时代创新人才不可或缺的基本技能。图形化编程将编程语言里的不同模块模拟成一块块积木,编程的过程是将积木拼搭在一起。它让编写程序变得简单有趣,可以用它创造属于自己的游戏、音乐、动画、绘画,并且能够轻松地分享到网络上。它让每个人都成为设计者,轻松地将自己的设计想法变为现实作品。

图形化编程语言代码

任何简单或复杂的算法都可以由顺序结构、循环结构和选择结构这三种结构组合而成。这三种结构被称为程序设计的三种基本结构,也是结构化程序设计必须采用的结构。图形化编程语言作为一种新型的程序设计语言,具有计算机语言的一切结构特征,它们既可以单独使用,也可以相互结合组成较为复杂的程序结构。

(1) 顺序结构:一种线性、有序的结构,它依次执行各语句模块。
(2) 循环结构:重复执行一个或几个模块,直到满足某一条件为止。
(3) 选择结构:根据条件成立与否选择程序执行的通路。

采用结构化程序设计方法,程序结构清晰,易于阅读、测试、排错和修改。由于每个模块执行单一功能,模块间的联系较少,因此程序编制比过去更简单,程序更可靠,而且每个模块可以独立编制、测试,增加了可维护性。

编 程 语 言

编程语言俗称"计算机语言",种类非常多,总的来说可以分成机器语言、汇编语言、高级语言三大类。电脑所做的每次动作、每个步骤,都是按照已经用计算机语言编好的程序来执行的。程序是计算机要执行的指令的集合,全部都是用我们所掌握的语言来编写的。所以控制计算机一定要通过计算机语言向计算机发出命令。常用的编程语言有Java、C语言、C++、Python、C♯、VB、PHP等。

本书中学习到的图形化编程语言,也是一种高级编程语言。它是一款开放的、面向青少年的、容易上手的编程语言。在图形化编程语言中,构成程序的命令和参数都是通过积木形状的模块来实现的。你只需要用鼠标拖动模块,就可以完成编程了。

2.1　图形化编程软件介绍

图形化编程软件是一款面向儿童的简易编程工具,不仅易于孩子们使用,还能寓教于乐,让孩子们获得创作上的乐趣。图形化编程软件的下载和使用是完全免费的,使用者可以在Windows系统、苹果系统、Linux系统下运行。

1. 初步了解图形化编程软件,认识软件工作界面。
2. 尝试简单脚本编写并运行程序,体验创作的乐趣。

案例分析

图形化编程软件功能界面采用左边舞台区、中间指令区和右边脚本区的布局

(慧编程在线登录地址：https://ide.makeblock.com/#/)。

图形化编程软件使用HTML5技术重新编写，能够支持在电脑、手机、平板等各种终端设备上使用。图形化编程软件给我们带来了自定义模块（函数）和克隆功能，而新版本的桌面软件带来的更多是界面上的变化和细节上的改进，在扩展上新增了文字朗读和翻译功能。

同学们在平时的学习、生活中都会有一些自己的创意，例如设计一款自己的游戏、创作自己的校园生活作品等。这款图形化编程软件可以帮助你实现这些愿望，它是一款积木式编程软件，就像我们小时候玩的积木一样简单又有趣。

🧱 案例1：小熊猫移动

控制动作开始：点击绿旗。

小熊猫向右移动10步。

思考:如何面向左方移动?

2 案例2:小熊猫转圈

控制动作开始:点击绿旗。

(1) 小熊猫向右旋转15度。

(2) 添加重复执行语句,小熊猫一直进行旋转。

3 案例3:小熊猫快跑

想让小熊猫走得比较自然,可利用"外观"模块中的"下一个造型",让小熊猫不停地走起来。

思考:怎样控制小熊猫行走的速度?

程序参考

"角色"和"造型"

角色：指在"动画""游戏"或"电影"中的一个人物或事物等。相当于剧中的一个"演员"。

造型：指一个"角色"不同动作的图片。相当于剧中的一个"演员"的跑、跳、蹲等不同的"动作"。

舞台角色

角色造型

课堂练习

尝试使用图形化编程软件的各模块功能进行简单编程，体验创作图形化编程作品的乐趣。

2.2 顺序结构

引言

顺序结构是最简单的,只要按照解决问题的顺序写出相应的语句即可,它的执行顺序是自上而下,依次执行预先设计好的脚本。不过大多数情况下,顺序结构都是作为程序的一部分,与其他结构一起构成一个复杂的程序,如循环结构、选择结构等。

任务概述

1. 了解程序设计基本结构中的顺序结构。
2. 学会使用顺序结构程序解决问题的具体步骤。

案例分析

案例1:红绿灯程序

当我们走在十字路口时,经常会遇到红绿灯。它们按照一定时间间隔变换,指挥着交通。我们以红绿灯为例,来学习顺序结构的程序设计。下面请观察图中交通信号灯的变化顺序,思考如何用图形化编程语言来实现红绿灯变化。

造型1　　　造型2　　　造型3

红绿灯程序参考(顺序结构)

2 案例2:正三角形绘制

图形化编程软件不仅可以用来制作动画及游戏,还可以绘制一些几何图形等。请同学们思考:使用图形化编程软件绘制一条直线后,经过旋转多少度,共多少次,才能从起点回到终点,并完成一个封闭的正三角形?

正三角形绘制程序参考(顺序结构)

这里的正三角形绘制程序采用的是顺序结构,我们还可以通过循环结构等其他方法完成正三角形的绘制。下一节我们将学习程序设计基本结构中的循环结构。

流　程　图

流程图是算法的一种图形化表示方式,可以直观地描述一个工作过程的具体步骤。流程图直观、清晰,更有利于人们设计与理解算法。使用流程图表示思路是一种极好的方法,因为千言万语不如一张图。

绘制流程图的习惯做法是:事实描述用椭圆形表示;行动方案用矩形表示;问题用菱形表示;箭头代表流动方向……常用的流程图符号如下:

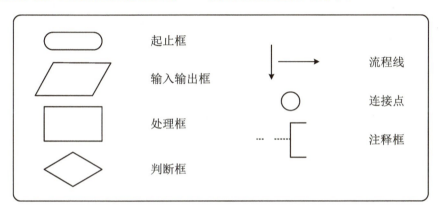

课堂练习

请同学们使用顺序结构及"外观"等模块完成两人的英语对话,并画出流程图。

英语对话内容参考：

A：Hello, long time no see, how are you?

B：I am fine, thank you, and you?

A：I am fine, too.

B：Where have you been? I have not seen you for several days.

A：Oh, I have been to my hometown for a rest, and you?

B：I just stayed at home.

A：Well, shall we go to see the film together?

B：Wonderful, let's go.

绘制英语对话流程图

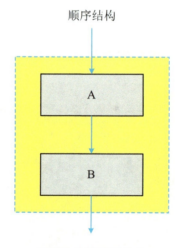

顺序结构流程图参考

2.3 循环结构

 引　言

循环结构可以减少源程序重复书写的工作量,用来描述重复执行某段算法的问题,这是程序设计中最能发挥计算机特长的程序结构。

有些程序需要我们不断重复同样的内容,比如在通过不断切换造型来实现动画效果时,需要不断重复切换不同的造型。循环结构一般用于重复某段需要不断重复执行的代码。

 任务概述

1. 了解循环语句的程序结构及使用方法。
2. 学会运用循环结构减少程序中的重复语句。

 案例分析

上一节我们使用顺序结构完成了红绿灯的程序设计及正三角形的绘制,本节介绍通过循环结构的使用简化程序。三种类型的循环结构功能见下表。

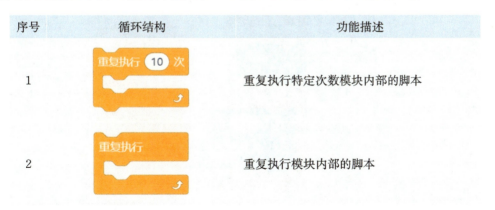

续表

序号	循环结构	功能描述
3		如果条件为假,重复执行模块内部的脚本;然后再判断条件(如果为假,还会执行);直到条件为真时停止,结束循环

1 案例1:红绿灯程序(循环结构)

红绿灯程序参考(循环结构)

2 案例2:正三角形绘制(循环结构)

正三角形绘制参考(循环结构)

请同学们思考:如何根据正三角形的绘制方法完成正方形、正五边形、正六边形等各种正多边形的绘制？动手操作并填写下面的表格。

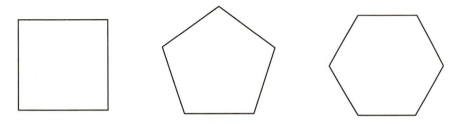

序号	图形	边数	旋转度数	旋转度数和边数之间的关系
1	正方形			
2	正五边形			
3	正六边形			
……	……			
……	正 N 边形			

课堂练习

尝试使用循环语句实现奥运五环标志的绘制,并画出流程图(提示:画笔颜色模块)。

绘制五环标志流程图

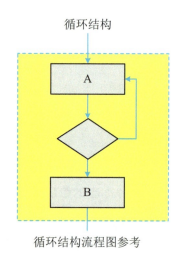

循环结构

循环结构流程图参考

2.4 选择结构

💡 引 言

　　选择结构也称为判断结构或分支结构，是在顺序结构中提供了程序的分支，也就是说在程序的一个顺序流程中加入子程序流程，这样可以使得程序更具有交互性。分支结构又可分为单分支结构和双分支结构。

任务概述

1. 了解选择结构语句的程序结构及使用方法。
2. 能够综合运用顺序结构、循环结构、选择结构编程解决问题。

案例分析

生活中,当一个选择题摆在面前时,我们会先进行判断,再做选择。例如:我今天要做什么?如果今天天气好,那么我就出门和朋友一起玩;如果今天下雨,那么我就在家里写作业。不同的判断条件会导致不同的结果,这就是我们在编程语言中常说的选择结构。两种类型的选择结构使用方法见下表。

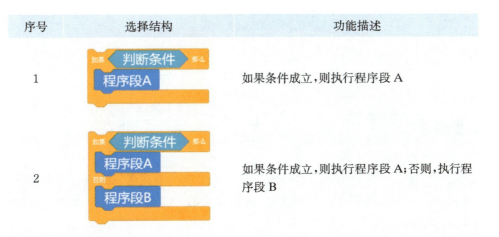

序号	选择结构	功能描述
1		如果条件成立,则执行程序段 A
2		如果条件成立,则执行程序段 A;否则,执行程序段 B

案例 1:如果……那么……

如果你的考试成绩为 100 分,那么你将得到父母的表扬。

思考:如何用"如果……那么……"程序来实现呢?

参考程序

2 案例2：如果……那么……否则……

判断奇偶数：如果输入的数字除以2的余数等于0，那么这个数是偶数；否则，这个数是奇数。

思考：如何用"如果……那么……否则……"程序来实现呢？

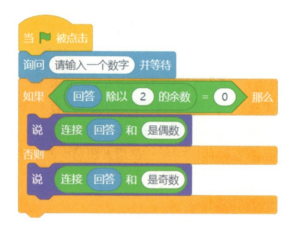

参考程序

课堂练习

尝试综合使用顺序结构、循环结构、选择结构完成猫捉老鼠游戏。如果猫捉到老鼠，则游戏成功；如果猫捉不到老鼠，则游戏失败。请同学们通过编程完成游戏制作，并画出流程图。

绘制猫捉老鼠游戏流程图

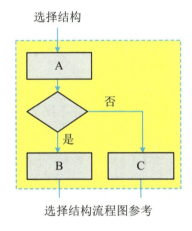

选择结构流程图参考

第 3 章　迷宫游戏制作与体验

3.1　迷宫游戏初体验

💡 引　言

人类建造迷宫已有5000多年的历史。在不同文化发展时期,这些奇特的建筑物始终吸引着人们沿着弯弯曲曲、困难重重的小路吃力地行走,寻找真相。无论是现实中的迷宫游戏,还是网页游戏中的迷宫游戏,都吸引着大批的迷宫爱好者参与其中。作为小小编程科学家,你能使用图形化编程软件制作出一款独特的迷宫游戏吗?

🔧 任务概述

1. 学会分析迷宫游戏的基本规则。
2. 完成迷宫游戏制作的前期准备工作。

💬 案例分析

打开素材"迷宫游戏.mblock"程序,体验迷宫游戏,开启我们的寻宝之旅:熊大在树林里发现了一张藏宝图,作为它的好朋友,你能帮它顺利找到宝藏吗?

程序分析:熊大要想拿到藏宝箱,首先要从迷宫入口开始出发,通过键盘控制行走路线。途中如果碰到棕色墙壁或者光头强,则游戏失败,熊大回到起点;如果顺利到达迷宫的出口,拿到藏宝箱,则游戏结束。

迷宫游戏场景

思考：我们刚刚体验的迷宫游戏的规则是什么？如果让你设计一个迷宫游戏，又该怎么开始着手呢？

要想设计一款游戏，我们首先要想一想需要设计哪些角色，创造什么背景，实现什么功能，遵循哪些规则。对迷宫游戏来说，规则很简单，角色从迷宫入口出发，到迷宫的某个指定位置，即为完成任务。为了增加游戏的效果，规则可以设计得复杂一些。

下面我们来一起设计一款简单的迷宫游戏吧。在这个游戏中，我们要做好两件事：

(1) 设计角色和舞台背景。
(2) 实现角色的移动。

打开图形化编程软件时,舞台中只有默认角色,删除默认角色,将游戏的主角"熊大"添加到舞台中。

我们可以从网上下载迷宫背景进行导入,也可以自行绘制,尝试画出自己喜欢的迷宫场景。

我们导入已经设计好的森林迷宫背景,保存程序,命名为"迷宫游戏"。

游戏的主角熊大与迷宫场景已经准备完毕,下一步我们需要实现角色熊大的移动,想一想需要用到哪些命令。

角色进行移动需要用到动作模块语句及坐标相关知识,我们有两种方法可以实现键盘上的上、下、左、右各方向的移动。

角色移动程序参考

写一写

角色	预期效果	思维梳理	程序实现	计算思维

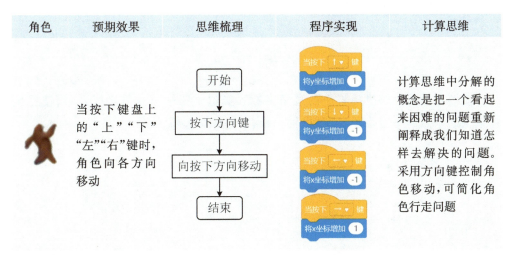

第3章 迷宫游戏制作与体验 | 025

练一练

使用侦测语句实现熊大寻宝的角色移动。

角色移动侦测语句参考

完成游戏角色的移动后,熊大就可以开始寻宝之旅了。在寻宝的路上,它会遇到哪些问题呢?我们在下一节继续学习。

坐 标 知 识

图形化编程中的坐标与平面直角坐标系类似。在平面直角坐标系中,使用坐标系来表示点的平面位置,X 是横轴坐标,Y 是纵轴坐标。

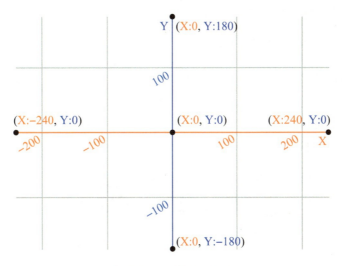

图形化编程软件坐标图

1. 如果坐标向上移动 5,(　　)轴(增加/减少)5。
2. 如果坐标向左移动 5,(　　)轴(增加/减少)5。
3. 如果 X 轴坐标增加 5,往哪个方向运动?
4. 如果 Y 轴坐标减少 5,往哪个方向运动?

3.2　遇 到 困 难

在《熊出没》这部动画片中,有一天熊大在树林里发现了一张藏宝图,它准备好水和食物,激动地带着藏宝图开始寻宝。刚出发没多久,在迷宫中就遇到了光头强,这时它该怎么办呢?让我们一起帮助熊大克服重重困难,顺利找到宝藏吧。

1. 学会分析设计增加迷宫游戏难度的方法。

2. 掌握障碍物及角色碰到障碍物的程序编写。
3. 掌握计时器在迷宫游戏程序中的使用方法。

 案例分析

思考：一般迷宫游戏的难度都是逐渐递增的，为了增加熊大寻宝的难度，你希望给它设置哪些困难？

为了增加迷宫游戏的难度，我们将给熊大制造一些困难：当熊大碰到迷宫墙壁时，将被遣返到迷宫入口；添加怪兽角色，阻止熊大寻宝；给熊大寻宝限定时间……

侦测模块可以让我们在图形化编程中通过侦测颜色、按键或角色等来实现人机交互功能。侦测语句通常与控制、运算等语句嵌套使用。

使用时先点击侦测模块"碰到颜色"里面的颜色，它既可以调整颜色，也可以使用取色器进行颜色的选取。

侦测颜色程序参考

如何添加怪兽角色阻止熊大寻宝？

导入障碍物"光头强"，并调整其大小及位置。

障碍物程序参考

在图形化编程中,侦测模块中的计时器可以实现时间计数及倒计时等功能。为了增加迷宫游戏的趣味性,可以在游戏中增加计时器功能,让熊大在规定时间内完成寻宝之旅。

加入计时器,当计时器大于30秒时,熊大返回原点。

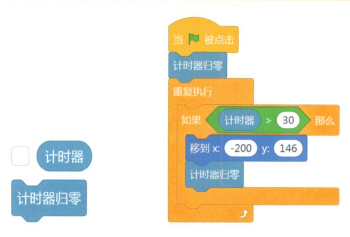

计时器程序参考

写一写

角色	预期效果	思维梳理	程序实现	计算思维
	当角色熊大碰到墙壁(棕色)、障碍物或计时器大于30秒时,返回起始坐标(原点)			分支结构用于判断给定的条件,并根据判断的结果来控制程序的流程。通过侦测语句进行判断,判断是继续执行移动语句还是返回原点
	光头强在1.5秒内上下移动(X轴坐标固定)			循环结构用来描述重复执行某段算法的问题。通过重复执行实现光头强的上下移动

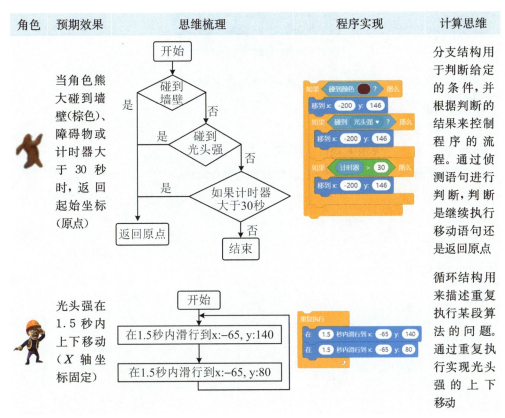

 练一练

完成熊大寻宝完整程序的编写。

熊大向上移动程序参考

光头强角色移动程序参考

1. 加入多个光头强阻止熊大寻宝。
2. 实现角色移动时不断切换造型,形成动态效果。

今天这节课你有哪些收获?为了增加游戏的趣味性,你还有哪些其他想法?

3.3 关卡设计

引言

当故事涉及的角色众多或者程序比较复杂时,使用广播模块能够进行角色之间的调用。广播模块的使用避免了一旦程序中某个角色做一些修改,其他角色也要跟着进行变化的问题,它可以大大提高程序编写效率。

1. 了解如何进行游戏关卡的设计。
2. 学会分析实现关卡设计程序的编写。

思考：通常游戏都会设计不同的关卡，每一关的难度都会逐渐递增。对于迷宫游戏的关卡设计，如何设置才能吸引玩家继续参与呢？

关卡设计是游戏的重要组成部分，游戏的节奏、难度阶梯等方面很大程度上要依靠关卡来控制。当熊大寻找到宝藏时，我们可以将游戏的下一关场景和物品调取出来，方法如下：

1 利用广播和消息

当前关卡通过后，广播消息"进入第二关"或"进入第三关"；角色收到"进入第二关"的消息，立刻做第二关的准备：舞台背景为第二关背景、角色位置变化、怪兽与惊喜的设置等；同理，收到"进入第三关"的消息，做第三关的各种准备。

2 利用回答

根据回答内容的不同，选择进入第几关。

3 利用背景切换

当第一关通过后,切换舞台背景为第二关的舞台背景;判断当舞台背景切换为第二关背景时,与前面的描述一样,立刻做第二关的准备;第三关、第四关同样处理。

首先我们需要新建广播模块,然后导入金币角色及下一关海底迷宫背景。

新建广播模块　　　　　　导入金币角色及海底迷宫背景

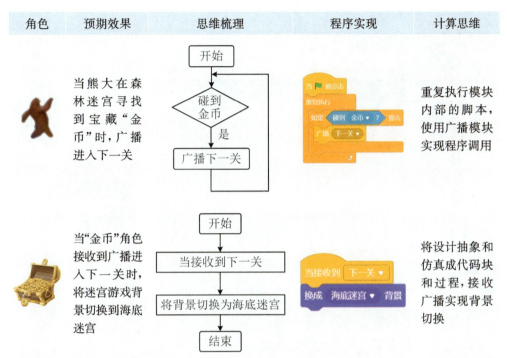

利用广播模块实现迷宫游戏，从开始到进入下一关程序编写如下：

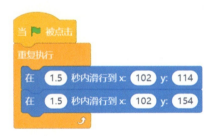

光头强部分程序脚本参考

熊大部分程序脚本参考　　　　　　　　金币程序脚本参考

 试一试

1. 使用背景切换实现进入下一关。
2. 添加背景音乐活跃熊大寻宝气氛。

通过这一节的学习,你有哪些收获?你想要设计什么样的迷宫游戏?尝试实现你的想法。

3.4 趣味迷宫

 引　言

根据人的"视觉暂留"现象,让一组静止而连贯的图形连续出现,便形成了动画。视觉暂留的效应是指人的视觉在每秒 24 张画面以上的播放速度下,就不能辨别每张画面的静态图像了。

图形化编程中使用变量和列表来管理数据。变量就是一个可以变动的量,通过增加、设定来实现,并且可以显示、隐藏,也能用来做分数等等。这一节我们将进行趣味迷宫设计,发挥你的想象力,一定能够设计出有趣的创意迷宫作品。

任务概述

1. 学习使用造型切换命令让角色动起来。
2. 使用变量模块功能进行迷宫游戏计分。
3. 尝试学习利用两个角色完成双人迷宫游戏的制作。

案例分析

思考:迷宫游戏可以有不同的故事背景及游戏规则,为了增加迷宫游戏的趣味性,你有什么有趣的想法?

这一节将进行趣味迷宫设计,为了增加游戏的趣味性,我们可以让角色动起来,引入变量进行计分,设计互动环节、实现多人互动比赛等,体验创作的乐趣。

1 案例1：造型切换

(1) 导入多个造型：

(2) 造型切换：

当点击绿旗时，角色切换到下一个造型，重复执行形成动态效果。

2 案例2：变量应用

在图形化编程中，可以用变量来表示各种变化的量，使程序脚本更加丰富。

（1）新建变量：

（2）变量程序：

图形化编程中变量是变化的数量，我们可以利用变量给角色熊大设置一个生命值 5。当熊大碰到障碍物或墙壁时，它将返回原点，同时生命值减 1。

变量计分程序参考

知 识 链 接

列　　表

　　列表简单来说其实类似数组，存放着同类的数（可以输出为表格）。运用列表可以实现数据的获取、存储及输出，其使用方法与变量类似。

3 案例3：双人迷宫

思考：如何用键盘控制两个角色？怎样调整侦测不同的障碍物的识别？

操作步骤：

① 打开图形化编程软件。

② 把舞台设置成迷宫。

③ 导入两个角色,设置好角色大小及位置。

④ 使用键盘上的↑、↓、←、→和W、A、S、D分别控制两个角色移动。

角色1移动参考程序　　　　　　角色2移动参考程序

同学们可以自己定义双人迷宫游戏规则,例如:增加金币角色,在规定时间内获得金币多并走出迷宫的一方获胜;设计双人对战迷宫,两个角色可以射击炮弹进行对攻(可增加炮弹角色实现程序);等等。

试一试

同学们可以根据自己的创意完善迷宫游戏制作,调试完成后可以将自己的创意趣味迷宫作品上传到慧编程等网站上,与全国各地的朋友们一起分享你的创意成果。

在运行调试程序的过程中,我们需要像计算机执行程序一样去思考执行语句,理解执行每一步模块应该出现的现象,并与实际的执行结果进行比较。当发现效果与预想的有偏离时,就要不断地纠错,调整程序,采用不同的算法实现效果。在

"构思—编程—测试—调试"的过程中进行纠错,反复磨练,更好地理清游戏的运行规则,感受图形化编程的乐趣。

动画片原理

1824年,英国伦敦大学教授皮特·马克·罗葛特在他的研究报告《移动物体的视觉暂留现象》中最先提出:人眼在观察景物时,光信号传入大脑神经,需经过一段短暂的时间,光的作用结束后,视觉现象并不立即消失,这种残留的视觉称为"后像",视觉的这一现象则被称为"视觉暂留"。

人们利用"视觉暂留"原理将一些事先绘制好的连续画面快速地播放,这就是动画的原型。科学研究证明,人们平时所看到的图像实际上是靠眼睛的晶状体成像于视网膜上,并由视神经输入人脑,从而感觉到物体的像。由于人类的视神经的反应速度大约为1/24秒,因此就造成了一定的视觉延迟。电影和动画片就是利用人眼的"视觉暂留"原理才让画面动了起来。

利用"视觉暂留"原理,把运动的物体按照一定的规律进行动作分解,并将其分别画成一连串静止的图画,然后让这些静止的图画按一定的速度连续播放,人眼中残留的影像被一次次无缝接收,这就是最简单的动画片原理。

第 4 章　创 意 迷 宫

4.1　创意迷宫之火灾演练

 引　言

　　这一节考验同学们对图形化编程知识的综合运用，以创意迷宫之火灾演练为主题，分析任务，明确任务规则、选择角色、设计程序的过程，熟练使用顺序结构、循环结构、选择结构程序设计的思想和方法，理解程序设计的基本思想，学会科学、严谨且更富创造性地解决实际问题的方法、步骤。

 任务概述

1. 熟练运用各种模块完成火灾演练程序制作。
2. 根据自己的想法设计规则，进行程序创新。

案例分析

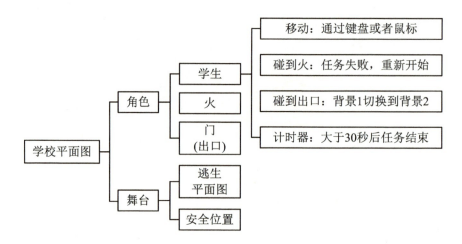

思考：当学校发生火灾事件时，我们应该如何正确转移到安全位置？在火灾演练过程中，我们会遇到哪些问题？

1 火灾演练角色及背景准备

角色：学生、火、大门、水、毛巾。

背景:学校消防安全疏散图、学校操场。

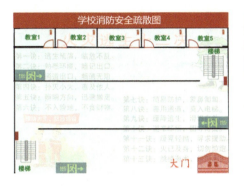 

2 火灾演练程序制作

火灾演练程序设计	
基本规则	1. 面向鼠标方向或使用键盘控制器进行移动。 2. 角色碰到火(角色),返回起始坐标(原点);角色碰到毛巾和水,增加游戏时间;角色到达大门,切换到操场安全位置背景。 3. 在规定时间内完成任务

任务1:角色移动,不能穿越墙壁。

(1)分析任务,根据自然语言画出流程图。

(2)根据所画流程图编写程序,完成相应任务。

自然语言	流程图	程序语言
当按下空格键时,面向鼠标方向移动,如果碰到墙壁,退回1步		

第4章 创意迷宫 | 045

任务 2：角色碰到火，演练失败；角色到达大门，切换到操场背景。

自然语言	流程图	程序语言
碰到障碍物（火），演练失败；到达大门后，切换到操场背景		

任务 3：如果遇到毛巾和水，时间各增加 10 秒钟。

自然语言	流程图	程序语言
如果遇到毛巾和水后，时间各增加 10 秒钟		

提升任务：结合生活实际与程序中的其他角色，完善程序设计，进行程序创新。
（1）将角色"火"移动起来，增加难度。
（2）在规定时间内完成任务，提升任务难度，等等。

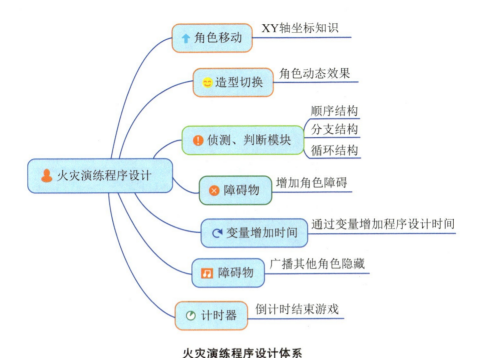

火灾演练程序设计体系

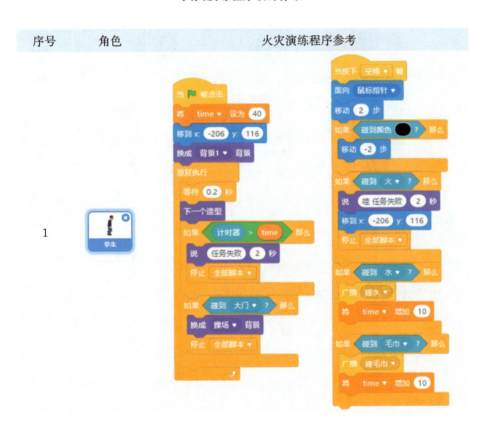

续表

序号	角色	火灾演练程序参考
2	火	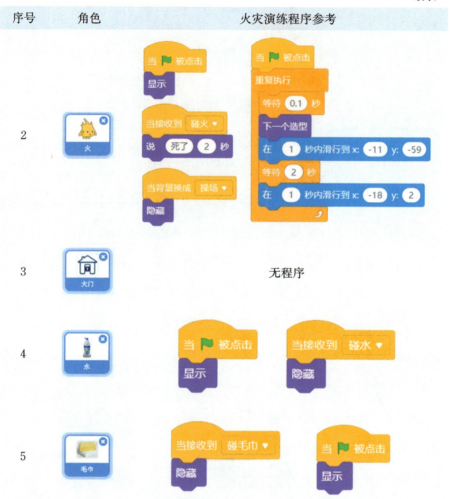
3	大门	无程序
4	水	
5	毛巾	

1. 这一节使用了哪些程序语句？
2. 你在本次火灾演练任务中有什么感受？

4.2 视频侦测之体感遥控

 引　言

体感互动系统能够将运动与娱乐融入我们的生活中。操作者可以通过自己的肢体去控制系统,并且实现与互联网玩家互动,分享图片、影音信息。想象一下,此刻的你正站在一个大屏幕前,通过翻页、滑动、确认等简单的操作就可实现对商品的浏览并完成购物,这是体感技术在消费品领域的应用给我们所带来的便利。

1. 认识图形化编程中的视频侦测模块。
2. 尝试使用摄像头侦测运动进行体感遥控。

案例分析

1 摄像头侦测

视频侦测模块中有四个指令,用来开启摄像头、侦测运动等功能,如下页图所示。

(1) 下面是当视频移动大于 10,即摄像头中的画面移动数值大于 10 时,就会触发的一条指令。

(2) 相对于(角色)的视频(运动),这是一个数值,同学们可以通过下面的程序体验一下效果(需要提前开启摄像头)。

(3) 开启摄像头,下拉有关闭命令,即打开、关闭摄像头。

(4) 将视频透明度设为50。

如何通过视频侦测控制移动方向呢?

2 体感遥控

(1) 隔空指点屏幕,遥控小熊猫在屏幕上跟随移动。

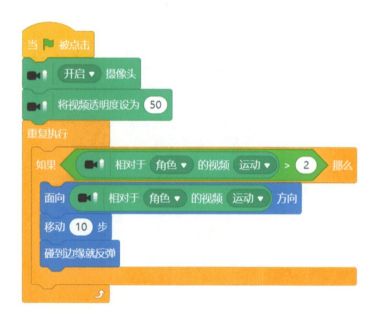

思考:如何通过语音控制实现小熊猫的移动呢?

语音控制移动的部分程序参考

(2) 通过体感遥控模块进行创意迷宫游戏的创作。

虚拟现实技术(VR)

虚拟现实技术(VR)是一种可以创建和体验虚拟世界的计算机仿真系统。

VR 在计算机中构造出一个形象逼真的模型。人与该模型可以进行交互,并产生与真实世界中相同的反馈信息,使人们获得和真实世界中一样的感受。当人们需要构造当前不存在的环境(合理虚拟现实)、人类不可能达到的环境(夸张虚拟现实)或纯粹虚构的环境(虚幻虚拟现实)以取代耗资巨大的真实环境时,就可以利用虚拟现实技术。

汽车冲撞试验、应急演练、电子对抗、模拟驾驶、虚拟手术、体感游戏等,都是 VR 技术的应用。

根据本节所学内容,尝试设计实现隔空切水果游戏。(提示:水果随机运动,被切到后造型切换,可使用变量进行计分。)

4.3　图形化编程与硬件应用

图形化编程软件除了可进行软件编程外,还支持连接硬件设备,例如 mBot、光环板、程小奔、Arduino 等。同学们可以进行软件和硬件相结合的探索,为智能硬件的学习打下坚实的基础,为探索万物互联世界提供装备。

1. 初步了解几种硬件。
2. 尝试使用硬件设备控制迷宫游戏。

1 硬件设备介绍

(1) mBot：

作为入门级的 STEAM 教育机器人,mBot 让机器人编程学习和教学变得简单有趣。只需一把螺丝刀,一份入门指南,一节课的时间,同学们就能从零开始,体验动手创造的乐趣,认识各种机器人机械和电子零件,入门学习积木式编程,并锻炼逻辑思维和设计思维。

mBot 机器人　　　　　　　　　　mBot 程序模块

（2）光环板：

光环板是一款内置 Wi-Fi 的单板计算机，小巧的机身内拥有丰富的电子模块，专为编程教育而设计。它使用简单，搭配图形化编程软件，令编程学习毫不费力。光环板带来了更丰富多元的物联网应用与编程体验，让每个人都能轻松实现有趣的电子创作。你可以把它与图形化编程软件相连接，将数字世界和现实世界的魔力结合起来，发挥你的创造力。

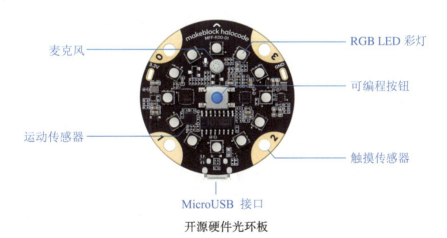

开源硬件光环板

光环板程序模块

(3) 程小奔机器人：

程小奔是一款寓教于乐的编程教育机器人，它以软硬件交互的方式，鼓励孩子在创作和游戏中学习编程。配套图形化编程软件，支持积木式编程和 Python 代码编程，并融入 AI 和 IoT 技术，通过软件学习和硬件创作，让编程学习更加生动有趣，适用于课堂教学、家庭学习等场景。

程小奔机器人

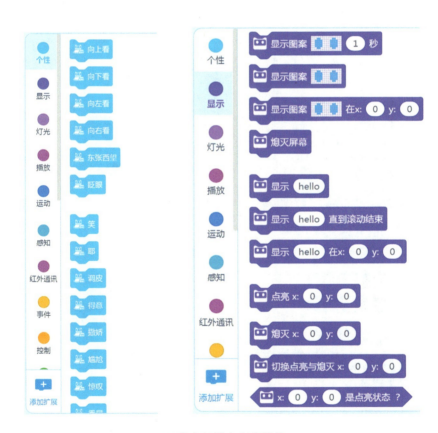

程小奔机器人程序模块

第 4 章 创意迷宫 | 057

程小奔机器人程序模块

（4）Arduino 开源硬件：

Arduino 是一款便捷灵活、方便上手的开源电子原型平台，包含硬件（各种型号的 Arduino 板)和软件(Arduino IDE)。

Arduino开源硬件板

Arduino开源硬件程序模块

2 迷宫游戏软件、硬件结合

图形化编程软件、硬件设备连接

硬件设备	连接方式	系统需求
mBot	USB、蓝牙连接	Windows 系列均可 macOS 系列均可
光环板	USB 连接	Windows 10 version 1709 + macOS 10.13 +
程小奔机器人	USB、蓝牙连接	Windows 10 version 1709 + macOS 10.13 + Bluetooth
Arduino 硬件板	USB、蓝牙连接	Windows 10 version 1709 + macOS 10.13 + Bluetooth 4.0

下面以光环板(系统 Windows 10)为例进行图形化编程软件连接。

连接光环板

(1) 选中"设备",点击"＋"添加设备。

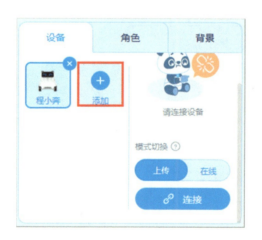

(2)在弹出的"设备库"页面,选中"光环板",点击"确定"。

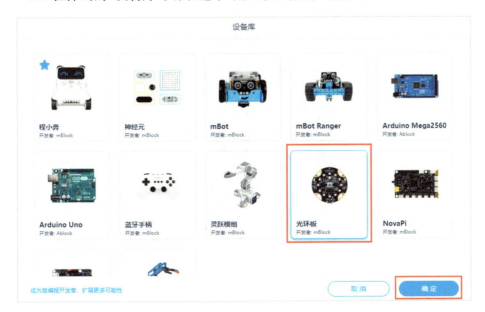

> 小技巧:

☞ 点击左上角的★将光环板设置为常用设备。

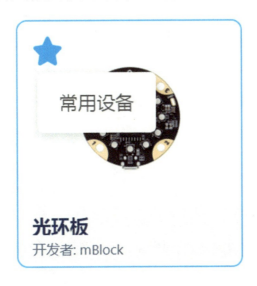

(3)使用 Micro-USB 数据线将光环板连接到电脑的 USB 接口。
注:光环板独立包装中不包含 Micro-USB 数据线,需额外购买。

(4) 选中"光环板",点击"连接"。

(5) "连接设备"窗口弹出,慧编程会自动检测光环板的串口,点击"连接"。

（6）启用上传模式。

新建一个光环板项目

让我们先从一个简单的项目开始吧。当摇晃光环板时，LED 灯环会亮起，之后熄灭。

（1）从事件类积木中拖取一个 当光环板摇晃时 积木到脚本区。

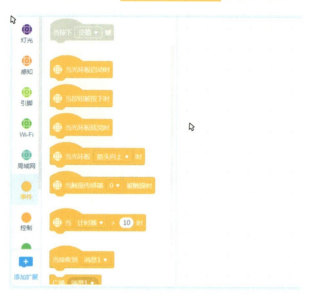

（2）从灯光类积木中拖取一个 显示( ) 积木，来控制光环板的 LED 灯环。

（3）从控制类积木中拖取一个 等待()秒 积木，再添加一个灯光类积木 熄灭所有灯光 ，让光环板的 LED 灯环在 1 秒后熄灭。

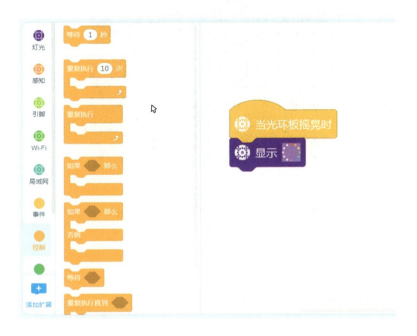

（4）点击"上传到设备"，将程序上传到光环板。

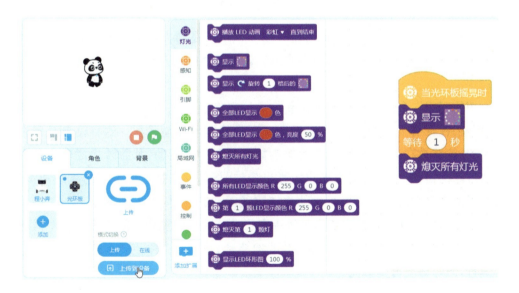

(5)试着摇晃一下光环板吧!

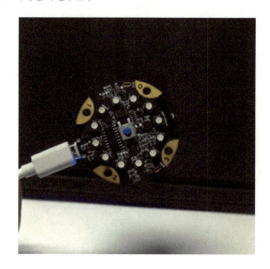

人 机 交 互

人机交互(HCI:Human-Computer Interaction)是指人与计算机之间使用某种对话语言,以一定的交互方式,为完成确定任务而进行的人与计算机之间的信息交换过程。

德国研究人员正在开发一种全新的可移动交互系统,此系统能够通过视觉存贮设备将视觉信号转换为命令,有望能全面代替键盘和显示器。这种设备是一个小型的、能够放在胸前的电脑,其摄像头能捕捉到手部运动,从而转换成对应的命令执行。例如:人们可以用手在空中画出各种图形,或选择空中不同的点来构型,此交互系统可以立即将这些手上动作转化成图形或操作命令,就像《钢铁侠2》里的托尼·斯塔克在自己的实验室里用手在空中挥动便能操作电脑一般。在不久的将来,你在空中画几个数字就能表示在拨打电话,或者在空中点几下就能表示在敲击键盘,一切将变得美妙无比!

第 5 章　计算思维活动体验

5.1　计算思维能力水平测试题

1 设置密码

小海狸不太会用计算机,他要为自己的新电子邮箱设定一组密码,这组密码必须符合下列规则:

① 至少包含 2 个大写英文字母。
② 英文字母个数必须比数字多。
③ 至少包含 3 个特殊字符(不是英文字母也不是数字)。

下列哪一组密码符合上述规则呢?

A.　PearL@mb2953?
B.　##RedM3rgan-2688
C.　R5#X&v73r68!?
D.　*h9n3ytR33*§!

✓ **正确答案是 B**

因为##RedM3rgan-2688 中有 2 个大写英文字母,英文字母个数(共 8 个)比数字个数(共 5 个)多,且含有 3 个特殊字符。答案 A 是错误的,因为这组密码只含有 2 个特殊字符,不符合至少包含 3 个特殊字符的条件。答案 C 是错误的,因为这组密码所包含的英文字母个数没有比数字多。答案 D 是错误的,因为这组密码中没有包含至少 2 个大写英文字母。

✓ **计算思维相关知识**

为了保障数据存取与交换的安全,密码广泛运用于确认用户的身份,只有经过授权的用户才能存取数据。若用户选用简单的密码,则可能在短时间内被猜中或破解。我们应该避免纯粹以数字或英文字母作为密码,最好在密码中加入特殊字符,这样可以增加破解难度。

2 生日派对

小海狸马上要过 10 岁生日了,他邀请了很多朋友来参加自己的生日派对,他有些担心生日派对准备得不够周全。他有两种甜点食谱,见下面的表 1。而他的橱柜里有表 2 所示的食材。

表 1		表 2
1 片煎饼	1 份蛋糕	6 个鸡蛋
100 克面粉	100 克糖	200 克奶油
20 毫升牛奶	100 克面粉	500 克糖
1 个鸡蛋	100 克奶油	500 克面粉
	2 个鸡蛋	60 毫升牛奶

小海狸只会完全按照食谱制作甜点,不知道怎么调整分量只做一部分甜点(比如半份蛋糕或是半片煎饼)。小海狸想要分配橱柜中现有的材料,依照食谱制作这两种甜点。请问下列哪项叙述是正确的?

A. 不论怎么分配,糖都无法全部用完

B. 不论怎么分配,牛奶都无法全部消耗

C. 用完所有材料是可能的

D. 食材不够同时制作两种甜点

✓ **正确答案是 A**

根据橱柜中的牛奶量,可以制作 1~3 片煎饼。而根据奶油存量,可以烘焙 1 份或 2 份蛋糕。选项 B 是错误的,因为若制作 3 片煎饼,就可以把牛奶用完。选项 C 是错误的,因为若要用掉所有的鸡蛋,就只能烘焙 2 份蛋糕并做 2 片煎饼,这样会剩下 100 克面粉,所以不可能把所有材料用完。选项 D 是错误的,因为食材足够同时制作两种甜点。选项 A 是正确的,因为所有食材最多足够烘焙 2 份蛋糕,所以一定会剩下至少 300 克糖。

✓ 计算思维相关知识

这个题目与限制性规划有关,也就是要在某些限制条件下找出问题的所有解。在本题中,可以另外设定1片煎饼及1份蛋糕能供几个人吃,要求找出能供最多人吃的食谱组合。解决此类问题的基本方法就是在限制条件下系统地列出满足条件的所有可能组合(解),再用问题定义的目标评估哪一个是最佳解。

3 粉刷机器人

从上空俯看时,小海狸的网球场是下面这种奇形怪状:

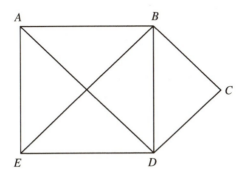

小海狸要用机器人进行网球场的粉刷作业,他希望球场内每条线都被粉刷到,但又不要重复粉刷任意一条线以节省油漆。此外,机器人只有在球场全部粉刷完毕的时候才能关闭。请问将机器人设定走下面哪条路径,才可以粉刷到每条线又不重复粉刷任意一条线?

A. A—B—C—D—E—B—D—A—B

B. A—D—B—E—D—C—B—A—E

C. A—D—B—E—D—C—B—A

D. E—A—D—E—B—C—D—B

✓ 正确答案是 B

选项A的路径经过AB两次。选项C少走了AE。选项D少走了AB。

✓ 计算思维相关知识

这是欧拉路径问题,也被称为一笔画问题,目标是要找出一条经过图形中所有线段各一次的路径。在利用计算思维研究解决某些问题的时候,我们可以将问题中资料和资料间的关系,先表示成一个图形中的"节点"和连接"节点"的"边",然后再通过欧拉路径找出问题的解。

4　房间号码

有一间饭店，里面所有的房间号码都是由从左到右的两个数字组成的：第一个数字代表房间所在楼层，第二个数字代表从电梯到房间的步行距离。有个顾客想要住宿，但他不太喜欢走路，所以步行距离越短的房间越好。若有的房间的步行距离相同，则这位顾客比较喜欢楼层低一点的房间。

请将下列空房间的号码依照这位顾客的喜好排列：

$$12,25,11,43,22,15,18,31,44,52$$

越左边的号码，对应这位顾客越喜欢的房间。请问下列哪个选项中的顺序是正确的？

A. 18,15,12,11,25,22,31,44,43,52
B. 52,43,44,31,22,25,11,12,15,18
C. 11,31,12,22,52,43,44,15,25,18
D. 11,12,15,18,22,25,31,43,44,52

✓ **正确答案是 C**

饭店的柜台人员可以先将每一个房间号码倒过来（先读第一个数字，再读第二个数字），这样一来，房间号码愈小，这位顾客就愈喜欢。

选项 A 不正确。因为前两个房间号码（18 号及 15 号）并非照这位顾客喜好排列。
选项 B 不正确。因为第三个号码和第四个号码（44 号及 31 号）的顺序错误。
选项 D 不正确。因为是先按楼层数排序，再按步行距离排列。

✓ **计算思维相关知识**

本题可借用计算机中基数排序的概念，先以楼层数排列，再以步行距离排列。基数排序也被称作"桶排序"，是一种非比较型整数排序算法，其原理是将整数按位数切割成不同的数字，然后按每个位数分别比较，从而达到排序的目的。

5　二进位计数器

小海狸习惯用一种奇怪的计数器，这个计数器只会显示两种数字：0 和 1。每按一次计数器，上面最右边的一个 0 就会变成 1，而这个位置右边的所有 1 都会变成 0。譬如，当小海狸按了计数器之后：

原本的数字若是 01001，就会变成 01010；
原本的数字若是 01011，就会变成 01100；

原本的数字若是 01111,就会变成 10000。

计数器初始显示为 00000,请问按了几次之后,计数器会显示 11111?

✓ **正确答案是 31**

计数器显示 00001 表示计数器被按了 1 次,显示 00010 表示被按了 2 次,显示 00100 表示被按了 4 次,显示 01000 表示被按了 8 次,显示 10000 表示被按了 16 次。因此当计数器显示为 11111 时,要按 1＋2＋4＋8＋16＝31 次。

✓ **计算思维相关知识**

本题所描述的技术方法为二进位制,公元 17 世纪英国数学家莱布尼茨创造了二进位制,即逢二进位的计数制。二进位制计数法中只有两个符号——0 和 1,是计算技术中广泛采用的一种数制。

6　水坝问题

海狸家族想要盖个水坝,所以需要很多木头。但每棵树必须经过 3 个特定步骤的处理,才能成为合格的木头:

步骤一:海狸爸爸将树啃断(费时 30 分钟)。

步骤二:海狸妈妈将断树拖至岸边(费时 30 分钟,往返时间可忽略)。

步骤三:两只小海狸将所有的分枝啃断(费时 30 分钟)。

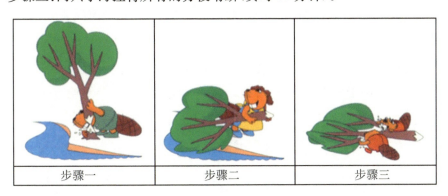

请问海狸家族想准备 3 棵树盖水坝,最少需费时多少分钟?

A. 90 分钟

B. 120 分钟

C. 150 分钟

D. 270 分钟

✓ 正确答案是 C

将 3 棵树标示为 1 号、2 号和 3 号；下图中的排程表示每棵树被处理的时间点，即处理 3 棵树所耗费的最少时间。

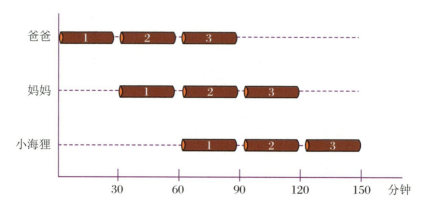

✓ 计算思维相关知识

本题处理过程类似于计算机 CPU 的运作方式，也就是 CPU 将某种指令的工作分成几个有顺序的处理阶段，当第一个指令处理完第一阶段进入下一阶段时，便可以同时进行下一个指令的第一阶段处理。各处理阶段专注于特定子工作，且不同指令的不同阶段可平行进行，从而减少完成多项工作所需的时间。

7 河道检验

今天海狸家族接到了检验河道的任务。每条支流都要检查，也就是需要至少一只海狸游过。由于水流湍急，故海狸只能够顺流往下游且只能检查一趟。每只海狸都会从 A 点开始并且到达 B 点，你看到的每一条支流都要检查。

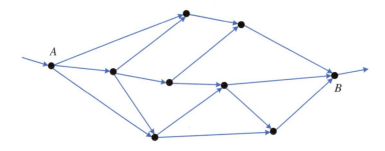

河道如上图所示，请问完整检查最少需要几只海狸？

A. 3　　　　B. 4　　　　C. 5　　　　D. 6

✓ **正确答案是 D**

如下图所示,红色线所跨越的 6 条支流,任两条支流都不可能由同一只海狸游过,因此至少需要 6 只海狸。

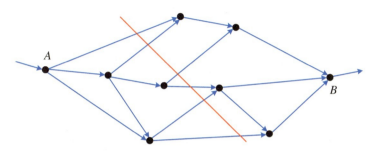

✓ **计算思维相关知识**

此题涉及路径覆盖问题,在有向无环图中寻找一个路径集合可以覆盖所有的边。路径覆盖的目的是以最经济的方式走遍所有路径,在软件工程领域中,可用于计算检查所有程序分支所需要的最少测试次数。

8 会车

如下图所示,有 6 台车被困在一条狭小的道路上,其中 3 台车(A、B 和 C)要由左向右走,而另外的 3 台车(1、2 和 3)要由右向左走。图上有一个检查站,检查站设有传感器,可以计算有几台车经过(同一台车前进或后退都会各感应一次)。虽然道路狭窄无法让两台车并行,但是检查站的旁边有一个让车弯,可供一台车暂时停靠,让对面来车通过。

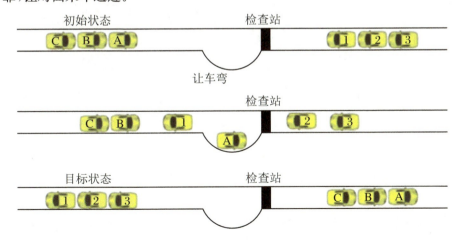

请问这 6 台车从最开始给定的初始状态到会车完成的目标状态,传感器会记录有多少车次经过?

A. 6 车次
B. 9 车次
C. 15 车次
D. 18 车次

✓ **正确答案是 D**

如下图所示,汽车 1、2、3 各会通过检查站 5 次(前进、后退、前进、后退、前进),而汽车 A、B、C 各会通过检查站 1 次(前进)。因此总次数为 18。

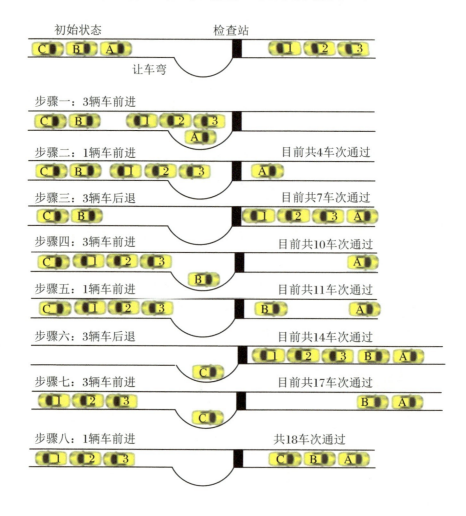

✓ **计算思维相关知识**

本题中汽车 1、2、3 向前开经过检查站的顺序是 1、2、3,后退倒车经过检查站的顺序是3、2、1,相当于在队列中后进先出(LIFO)。而汽车A、B、C原来的顺序是A在B之前,B在C之前,向前开经过检查站的顺序还是A、B、C,这相当于在队列中先进先出(FIFO)。

9 社交网络

下方左图用来显示住在城里的海狸们彼此间的友谊关系,右图则将左图记录成友谊关系表。举例来说,海狸A只认识海狸B这一位朋友,而海狸B则认识海狸A、C及D三位朋友。如果海狸A想要认识海狸C,则必须经过一只海狸(海狸B)的介绍。

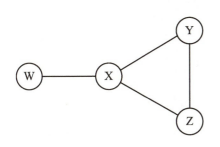

	A	B	C	D
A		○		
B	○		○	○
C		○		○
D		○	○	

下图是7只海狸的友谊关系表,如果海狸A想要认识海狸G,请问他最少必须经过几只海狸的介绍?

A. 4只
B. 3只
C. 2只
D. 只要1只

	A	B	C	D	E	F	G
A		○	○	○			
B	○		○	○			
C	○	○		○			
D	○	○	○		○		
E				○		○	○
F					○		
G					○	○	

✓ 正确答案是 C

因为海狸 A 的所有朋友都不是海狸 G 的朋友，所以不可能只经过 1 只海狸介绍。根据上面的友谊关系表，海狸 A 至少需要 2 只海狸来介绍。我们重新建立社交网络图于下方。由图得知，如果海狸 A 想要认识海狸 G，他至少必须经过海狸 D 及海狸 E 这两位的介绍才行。

	A	B	C	D	E	F	G
A		○	○	●			
B	○		○	○			
C	○	○		○			
D	○	○	○		○		
E				●		○	●
F					○		○
G					○	○	

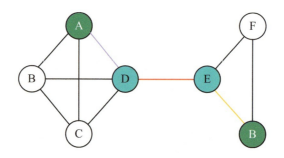

✓ 计算思维相关知识

网络（或图型）经常用来表示资料间的关联性，例如此题中的网络图用来表示海狸间友谊关系的视觉化呈现。在电脑程序中经常采用相邻矩阵来表示或记录一个图型，从相邻矩阵可以很快地数出每只海狸的朋友数。

10 拜访朋友

海狸先生有 4 个朋友分别住在不同的村子里，他计划每天下午都去拜访一位朋友。如下图所示,初始时所有的箭头都指向左边道路,每当海狸先生经过路口时,会将该路口的箭头切换到相反的方向。例如:第 1 天,海狸先生经过第一个路口时会向左走,并将箭头切换到右边;经过第二个路口时向左走,并将箭头切换到右边,最后到达 W 村庄。第 2 天,海狸先生经过第一个路口时会向右走,并将箭头切换到左边;经过第二个路口时向左走,并将箭头切换到右边,最后到达 Y 村庄。

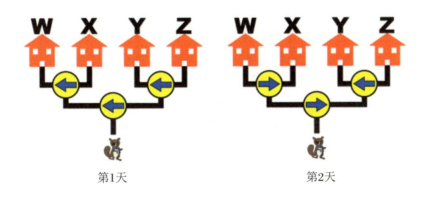

第1天　　　　　　　　　　第2天

在第 30 天时,海狸先生会拜访哪一个村庄?

A. W 村庄　　　　　　　B. X 村庄
C. Y 村庄　　　　　　　D. Z 村庄

✓ 正确答案是 C

观察经过第 4 天后的箭头方向,会发现与初始的情况相同。以此类推,第 1 天、第 5 天以及第 9 天的箭头方向相同,故第 30 天会与第 2 天的箭头情况相同。

另一种解法是针对每个路口计数,当遇到奇数时海狸先生会选择左边的道路;相反地,当遇到偶数时会选择右边的道路。对第一个路口的计数器来说,第 30 天为偶数,所以海狸先生会选择右边的道路。对第二个路口的计数器来说,第 30 天是第 15(奇数)次拜访,故选择左边的道路。

✓ 计算思维相关知识

这个问题可通过仿真的方式来解答,以程序表现场景状态的演变,直到指定的条件为止。计算机仿真常用来解决高成本、长时间以及复杂变化的问题。例如在交通系统中,我们想知道某种交通管制策略是否可行,就可以通过计算机仿真观察车流量;在生产系统中,我们想知道某种生产流程是否能在客户指定的期限内完成产品生产,也可以通过仿真得知。此题亦可以用数学方式解答,即计算每个路口的造访频率。

5.2 北京大学学习科学实验室计算思维测评

1 测评政策背景

计算思维能力是人应用计算机科学领域的概念、方法和思想解决问题的思维能力。计算思维是教育部发布的普通高中新课标要求的信息技术学科的核心素养之一。

北京大学学习科学实验室计算思维测评是国家级课题研究成果,并且是北京大学推出的唯一一个中小学计算思维测评,也是目前国内唯一一个基于国家级课题成果形成的权威性思维测评。

2 测评维度与指标

北京大学学习科学实验室计算思维测评体系作为国家社科基金课题研究成果,从基础知识、思维迁移、实践技能三个维度进行综合评估,其中思维迁移包括问题评估、问题分解、逻辑思考、模型抽象、总结归纳五大指标;实践技能主要评估学生使用图形化智能编程工具、设计具有智能交互功能的程序和使用代码编程工具解决特定问题的能力。

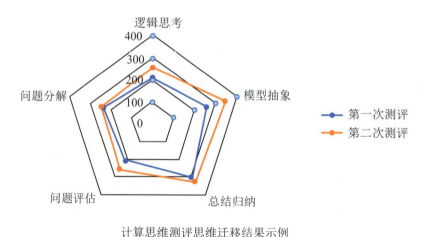

计算思维测评思维迁移结果示例

3 测评等级说明

测评体系匹配我国中小学生不同学龄段的认知水平,共分为五级。

北京大学学习科学实验室开发了对应的五级测评任务库。学生使用北京大学学习科学实验室在线测评系统,完成相应的试题测评和程序设计任务,系统自动计算学生的测评任务得分。根据得分情况,将学生划分为 A(优秀)、B(良好)、C(一般)、D(较差)四个等级。得分 85 分以上评为 A 等级,得分 75 分以上评为 B 等级,得分 60 分以上评为 C 等级,得分 60 分以下评为 D 等级。

达到 B 等级以上的学生可通过该级的等级测评。

4 官方报告

每一位报名参加北京大学学习科学实验室计算思维等级测评的学生都将获得授权的唯一账号,通过每一级等级测评,均将获得一份等级测评报告。每一份测评报告将生成唯一的报告 ID,凭借该报告 ID,学生可在北京大学学习科学实验室官方网站查询结果。

北京大学学习科学实验室计算思维测评网址:ceping.gamification.org.cn。

结语 基于计算思维的图形化编程教学

计算思维成为信息技术学科课程的理论基础及核心内在价值，它反映了学科的核心性和稳定性，同时提升了信息科学的不可替代性。计算思维的主旨是在程序设计教学中，运用计算思维的思想，引导学生对真实问题进行识别、分析、抽象、建模，并用信息技术手段设计系统解决方案。图形化编程语言以其图形化积木化的编程优势，避免了其他程序烦琐的语法规范的学习和适应过程，让教学更集中在问题的分析、建模及解决方案的设计上，更好地培养学生运用技术解决实际问题的能力，切实提升学生的信息素养。

图形化编程语言作为一款积木式程序设计语言，不同于以往教学中使用的VB、PASCAL、LOGO等，它以形象直观的积木指令代替了枯燥、易出错的复杂程序代码，有利于帮助学生在创作体验中学习编程、表达自己的想法。我国很多地区已经开展图形化编程的试点教学，在一定程度上改变了传统程序设计教学中普遍存在的学习兴趣不浓、动手编程能力较低、实际应用能力不强等问题。

1 提高学习的主动性，培养学生的自学能力

建构主义理论认为，学生是学习的主体，学习是一个知识内化的过程。因此，学生的学习兴趣越高，学习的动力就越强，学习效果也就越好。教师在教学过程中应重视并充分利用学生积极的心理因素，从兴趣引导入手，提高学生学习的主动性，让学生能够主动快乐地学习。

图形化程序操作简单，趣味性强，其亲和的可视化界面、强大的语言功能，将复杂的程序设计思路简单化，像搭积木一样"玩"出来，极大地调动了学生的学习兴趣；容易上手的特性使学生在轻松快乐的氛围下学习，提高了学生的学习积极性。

在图形化编程的课堂中，为了完成创作任务，学生需要在老师的引导下分析问题并完成脚本的编写，最终制作出一个完整的作品。这样的创作过程既给了学生足够的发挥空间，又培养了学生的自学能力。

2 释放学生的想象力，培养学生的创造力

图形化编程平台为培养学生的创新能力提供了良好的环境，学生用图形化编程软件进行创作的时候，需要有创意，进而设计原型，然后实验。在此过程中，学生可以通过多种途径进行创新并反复尝试，还可以和小伙伴进行交流，并不断地发现问题、解决问题，最终创作出属于自己的故事、动画、游戏等作品。

想象力是学生创造性思维的催化剂。中小学阶段的学生拥有丰富的想象力，他们看待世界有着自己独特的视角。在图形化编程的课堂上，他们不仅可以学会编程知识，还可以释放自己的想象空间，用所学到的知识去绘制他们大脑中的世界，表达自己的想法。

3 培养学生的逻辑思维能力

根据皮亚杰的认知发展阶段理论，中小学生正处于从形象思维逐步向抽象思维过渡的阶段，小学高年级的学生虽然能进行简单的逻辑推演，但在很大程度上局限于具体的事物，仍以感性经验为主。

图形化编程学习以其图形化的编程方式，为孩子的思维从具体走向抽象提供了"脚手架"。孩子们在完成具体任务的过程中，通过对任务的分析、规划，先梳理出各对象间应有的逻辑关系；再通过指令的搭建、测试与调整，实现了具体形象思维逐步向抽象逻辑思维的过渡。以"小猫走迷宫"为例，学生为小猫走迷宫过程设计游戏规则，然后思考如何通过图形化编程语言实现规则，即将自然语言转变为程序设计语言，如小猫在途中吃到小鱼，体型就会变小（体型变小有利于其通过迷宫的窄小通道部分），需要用"如果……就……"逻辑语言来实现。

在程序设计教学过程中，不仅要让学生掌握相关的知识和技能，更重要的是对学生思维能力的培养。图形化编程软件的学习对于学生的计算思维能力的培养的确有很大的促进作用。通过教学实验中学生反馈上来的作品可以看出，学生的创新能力、逻辑思维能力等均有一定的提高，并且学生的合作能力也得到了加强。不过，计算思维的培养是一项长期的工作，希望更多的教师能够加入图形化编程教学的队伍中，带领学生走向创作的世界，感受图形化编程的乐趣，共同来促进学生计算思维能力的培养。

附录 2020—2021学年面向中小学生的全国性竞赛活动名单

序号	竞赛名称	主办单位	竞赛面向学段
自然科学素养类			
1	中国青少年机器人竞赛	中国科协	小学、初中、高中、中专、职高
2	全国青少年人工智能创新挑战赛	中国少年儿童发展服务中心	小学、初中、高中、中专、职高
3	全国青少年创意编程与智能设计大赛	中国科协青少年科技中心、中国青少年科技辅导员协会	小学、初中、高中、中专、职高
4	全国中小学信息技术创新与实践大赛	城乡统筹发展研究中心、中国人工智能学会	小学、初中、高中、中专、职高
5	世界机器人大赛	中国电子学会	小学、初中、高中、中专、职高
6	世界物联网博览会青少年物联网创新创客大赛	中国教育技术协会	小学、初中、高中
7	少年硅谷——全国青少年人工智能教育成果展示大赛	中国下一代教育基金会	小学、初中
8	"明天小小科学家"奖励活动	中国科协、中科院、工程院、自然科学基金会、周凯旋基金会	高中
9	全国青少年无人机大赛	中国航空学会	小学、初中、高中、中专、职高
10	全国青年科普创新实验暨作品大赛	中国科协	初中、高中、中专、职高

续表

序号	竞赛名称	主办单位	竞赛面向学段
11	宋庆龄少年儿童发明奖	中国宋庆龄基金会、中国发明协会	小学、初中、高中、中专、职高
12	全国中学生天文知识竞赛	中国天文学会	初中、高中
13	"地球小博士"全国地理科普知识大赛	中国地理学会	高中
14	全国中学生水科技发明比赛暨斯德哥尔摩青少年水奖中国地区选拔赛	生态环境部宣传教育中心、水利部宣传教育中心	小学、初中、高中、中专
15	第三十一届"希望杯"全国数学邀请赛	《数理天地》杂志社	高中
16	全国中学生地球科学竞赛	中国地震学会、中国地球物理学会、中国岩石力学与工程学会	高中
17	全国中学生数学奥林匹克竞赛	中国数学会	高中
18	全国中学生物理奥林匹克竞赛	中国物理学会	高中
19	全国中学生化学奥林匹克竞赛	中国化学会	高中
20	全国中学生生物学奥林匹克竞赛	中国植物学会、中国动物学会	高中
21	全国中学生信息学奥林匹克竞赛	中国计算机学会	高中
人文综合素养类			
22	全国青少年禁毒知识竞赛	中国禁毒基金会	小学、初中、高中、中专、职高
23	世界华人学生作文大赛	中华全国归国华侨联合会	高中
24	"外研社杯"全国中学生外语素养大赛	北京外国语大学	高中
25	叶圣陶杯全国中学生新作文大赛	中国当代文学研究会	高中
26	中国日报社"21世纪杯"全国英语演讲比赛	中国日报社	高中
27	全国中学生科普科幻作文大赛	中国科普作家协会	高中
28	高中生创新能力大赛	中国老教授协会	高中

续表

序号	竞赛名称	主办单位	竞赛面向学段
29	北大培文杯全国青少年创意写作大赛	中国当代文学研究会	高中
30	全国中学生创新作文大赛	中国写作学会	高中
艺术体育类			
31	全国中小学生绘画书法作品比赛	中国儿童中心	小学、初中、高中
32	第二十一届"我爱祖国海疆"全国青少年航海模型教育竞赛	中国航海模型运动协会	小学、初中、高中
33	全国青少年造型艺术作品大赛	中国少年儿童造型艺术学会	小学、初中、高中
34	第二十五届"驾驭未来"全国青少年车辆模型教育竞赛	中国车辆模型运动协会	小学、初中、高中
35	国奥行知杯全国青少年校园足球联赛	中国陶行知研究会	小学、初中、高中